Sophias Wunderwelt

Eine Reise nach Kirchberg & Kitzbühel in den Kitzbühler Alpen in Tirol, Österreich

Kurt Gassner (auch Opa genannt)

Sophias Wunderwelt
Eine Reise nach Kirchberg & Kitzbühel in den Kitzbühler Alpen in Tirol, Österreich

Kurt Gassner

All rights reserved
First Edition, 2022

   Kurt Gassner, 2022

It is unlawful to reproduce, copy, or distribute any portion of this study using electronic methods or otherwise. The reproduction of these materials is disallowed, with the exception of written distributor authorization. All resources are retained.
This statement of principles is approved and endorsed by the American Bar Association Committee and the Publications and Associations Commission.

The statistics herein are solely for instructional purposes, and the details cannot be explicitly guaranteed.
The markings used shall be without permission, and without the approval or the help of the proprietors. All logos and trademarks in this book are for information purposes only and are held explicitly by individuals who are not affiliated with this document.
Impressum

My-mindguide – The publishing trademarke of trendguide Capital GmbH, Klenzestr. 42a, 80469 Munich, Germany.
Reg. Nr. HRB Munich 206639, VAT 152 123 159, CEO: Kurt Friedrich Gassner
Web: www.my-mindguide.com, mail: gassner@my-mindguide.com

Paperback ISBN: 978-3-949978-99-9
Hardback ISBN: 978-3-949978-44-9
Ebook ISBN: 978-3-949978-45-6

Für Sophia und jedes Enkelkind im Universum...

Ich bin inzwischen ein alter Mann und lebe in diesem Haus, meinem eigenen kleinen Himmel. Ja, ich habe die Welt bereist und viele Male den Ozean überquert, aber hier habe ich ein echtes Zuhause gefunden - einen Ort, an dem ich lebe, den ich genieße und an dem ich jedes Kind auf der Erde willkommen heiße, um meine Geschichten zu hören.

Die Geschichten, die hier erzählt werden, wurden im Laufe eines ganzen Lebens gesammelt. Ich lauschte den Erinnerungen meines geliebten Schwiegervaters und dem Geflüster meiner Großmutter. Oft hörte ich auf Mutter Natur, wenn ich durch die Kitzbühler Alpen wanderte. Diese Geschichten habe ich im Laufe der Jahre aufgeschnappt und gebe sie nun an dich weiter. Ich widme dieses Buch meiner geliebten Enkelin Sophia - jemandem, der sich noch an die Kraft erinnert, die in einer einfachen Geschichte liegt.

Dies ist das zweite Kinderbuch, das ich zu schreiben versucht habe. Das erste habe ich unter dem Pseudonym Christine Gozani (der Name meiner Großmutter) geschrieben, als ich dreißig Jahre alt war und als Kreativdirektor für die Süßwarenfirma HARIBO arbeitete. Haribo Märchenschatz wurde 1979 veröffentlicht und verkaufte sich im deutschsprachigen Raum über eine Million Mal und fand seinen Weg in viele Kindergärten.

Es mag erfolgreich gewesen sein, aber dieses Projekt hat einen ganz besonderen Platz in meinem Herzen ... das ich Dir jetzt öffne.

INHALTSVERZEICHNIS

GESCHICHTE EINS:

 WARUM DAS GRAS IN KIRCHBERG IMMER SO SCHÖN GRÜN IS..................1

GESCHICHTE ZWEI:

 WARUM DIE SONNE SO OFT AUF DAS KLEINE DÖRFCHEN SCHEINT ....15

GESCHICHTE DREI:

 DIE VERBORGENEN SCHÄTZE DER TIROLER BERGE ....29

GESCHICHTE VIER:

 DER LETZTE AUSFLUG DES ROTEN DRACHENS ....39

GESCHICHTE FÜNF:

 DER JUNGE CHRISTIAN UND DAS MAGISCHE PORTAL DES TÜRHÜTERS ....53

GESCHICHTE SECHS:

WIE DIE DORFBEWOHNER LERNTEN, WIE VÖGEL ZU FLIEGEN 65

GESCHICHTE SEIEBEN:

SOPHIA TRIFFT DIE SPRECHENDE GAMS 79

GESCHICHTE ACHT:

DAS LUSTIGE SPIEL MIT SCHLANGEN UND LEITERN 93

GESCHICHTE NEUN:

EIN KLEINES ECK MIT MENSCHEN AUS ALLER WELT 103

GESCHICHTE ZEHN:

EINE OFFENE EINLADUNG - NUR FÜR DICH 113

ÜBER DEN AUTOR (DEN OPA) 124

GESCHICHTE EINS:
WARUM DAS GRAS IN KIRCHBERG IMMER SO SCHÖN GRÜN IST

Vor langer Zeit lebte in dem Dorf Kirchberg, in der Nähe von Kitzbühel, Österreich, ein ärmlicher Bauer mit seiner Familie. Der Bauer war sehr traurig. Er hatte kein Essen für seine Kinder. Er hatte kein Holz, um das Feuer zu heizen. Er hatte keine Lebensfreude in seinem Herzen.

Sein größter Kummer war, dass er seinen Kindern keine Milch geben konnte. Ihr fragt euch vielleicht, warum...

Das Dorf Kirchberg und das nahegelegene Kitzbühel - sowie die umliegenden Hügel und Berge - hatten kein Gras. Überall, wohin der Bauer blickte, sah er Felsen und Geröll. Ein einziger See lag am Fuße der felsigen Berge.

Der Bauer schüttelte den Kopf. "Was soll ich nur tun?", fragte er und blickte zu Rosie, der Kuh. "Meine Zukunft sieht so trostlos und karg aus wie die Landschaft. Rosie hat kein Gras zu fressen!"

Tag für Tag sah der Bauer Rosie an und rief: "Hilf mir! Meine Kinder haben nichts zu essen, und meine Kuh Rosie hat kein Gras zu fressen."

Der Bauer wusste, dass seine Kuh keine Milch geben konnte, wenn sie kein grünes Gras zu fressen bekam. Rosie war die Nahrungsquelle für seine ganze Familie, und wenn sie hungrig war, würden auch sie hungrig sein.

Eines Tages kam eine junge Gams, von den Felsen herunter und sprang auf den Bauern zu. Die Gams schaute dem Bauern direkt in die Augen und sprach dann zu ihm. "Ich werde die Berge grün machen, und Gras wird das Land bedecken", flüsterte die Gams. "Aber du musst versprechen, jeden Fremden, der hierher kommt, willkommen zu heißen. Du musst jeden willkommen heißen, egal ob er schwarz oder weiß ist, reich oder arm, alt oder jung ... was auch immer er glaubt, egal woher er kommt. Ihr müsst sie immer in Kirchberg/Kitzbühel willkommen heißen!"

"Einverstanden!", sagte der Bauer. "Ich werde keine einzige Seele wegschicken, wenn du diese grauen Berge grün machst."
Als der Bauer in dieser Nacht einschlief, fragte er sich, ob die Gams wirklich zu ihm gesprochen hatte oder ob ihm seine Phantasie einen Streich gespielt hat.

Am nächsten Morgen erhielt er die Antwort, die er sich erhofft hatte. Er öffnete seine Tür, trat hinaus und zu seinem Erstaunen hatte sich die graue Landschaft in ein Smaragdgrün bedeckt.

Nur der Rettenstein blieb felsig, und auch heute noch ist der Grosse Rettenstein grau und felsig, als Mahnung, Fremden gegenüber immer gastfreundlich zu sein.

Der Bauer war so glücklich, dass er mit Rosie, der Kuh, tanzte. Jungen und Mädchen kamen, um zu feiern und zu danken. Tiere aller Art streiften durch das grüne Gras und freuten sich. In den folgenden Jahren kamen Menschen aus der ganzen Welt, und der Bauer eröffnete ein Hotel mit Restaurant im Dorf, um alle neuen Besucher willkommen zu heißen.

Heute ist Kirchberg bei allen, die es besuchen, als ein schönes und gastfreundliches Dorf bekannt – ein Dorf in der Nähe von Kitzbühel, umgeben von Bergen und Hügeln, die mit saftigem, grünem Gras bedeckt sind.

Geschichte Zwei:
Warum die Sonne so oft auf das kleine Dorf scheint

Vor langer Zeit lebte in dem kleinen Dörfchen Kirchberg bei Kitzbühel ein wohlhabender Bauer mit seiner Familie. Der Bauer liebte sein Haus und hieß immer jeden Besucher willkommen.

Er erinnerte sich an die Tage, als die Hügel und Berge noch grau und felsig waren. Damals kam niemand in das Dorf. Jetzt war das Tal grün und schön. Die Menschen kamen aus der ganzen Welt zu Besuch.

Aber die Leute, die kamen, waren manchmal ein bisschen traurig. Du fragst dich vielleicht, warum . . .

Kirchberg lag hoch oben in den Bergen. Das Dorf befand sich fast in den Wolken, und während der Frühling und der Sommer hell und strahlend sonnig waren, war der Winter bitterkalt. Der Winterhimmel war voller Schneewolken, und die Sonne ließ sich nicht blicken.

"Warum sehen wir denn die Sonne nicht?", fragte der Bauer. "Wenn die Leute, die im Winter zu Besuch kommen, nur sehen könnten, wie schön Kirchberg ist, wenn die Sonne scheint!"

Tag für Tag schaute der Bauer in den Himmel und fragte: "Warum schneit es jeden Tag? Ich weiß, der Schnee ist schön, aber ohne die Sonne sieht es so grau und kalt aus!"

Eines Tages flog ein großer Adler aus den Wolken herab und landete auf dem Ast eines Baumes. Er schaute dem Bauern direkt in die Augen und sprach mit Anmut zu ihm. "Ich werde den Schnee in der Nacht fallen und die Sonne am Tag scheinen lassen", sagte der Adler. "Wenn du mir diese eine Sache versprichst…"

Der Bauer sah den Adler an und fragte: "Was soll ich tun?"

Der Adler antwortete: "Versprich mir, dass du diese Hügel und Berge in einen Ort voller Spaß für die ganze Familie verwandelst. Verwandle die Hügel in Skipisten für Erwachsene und die Täler in Spielplätze für kleine Kinder. Wenn du das tust, werde ich dafür sorgen, dass jeden Tag die Sonne scheint und nachts der Schnee fällt."

"Ich bin einverstanden", sagte der Bauer. "Lasst uns Kirchberg und Kitzbühel zu einem Winterwunderland machen!"

In dieser Nacht, als der Bauer langsam einschlief, fragte er sich, ob er wirklich mit dem Adler gesprochen hatte oder ob ihm seine Phantasie einen Streich gespielt hatte. Er schloss die Augen und sagte: "Wenn der Adler den Himmel aufhellen und die Sonne sich zeigen kann ... dann soll es so sein ... der Ort wird zu einem Winterparadies!"

Am nächsten Morgen wurde sein Anliegen erhört. Er öffnete die Tür seines Bauernhauses und ging nach draußen. Die Berge und Hügel waren weiß mit Neuschnee, und der Himmel war wolkenlos und hellblau.

Der Bauer war so glücklich, dass er mit Henry, der Ziege, durch den Schnee tanzte. Jungen und Mädchen kamen zum Spielen in den Schnee. Vögel aller Art erfüllten den Himmel, und alle waren dankbar für den frischen, weißen Schnee.

In den folgenden Jahren verwandelten der Bauer und die Bewohner von Kirchberg und Kitzbühel das Dorf und die Stadt in ein Winterwunderland. Kinder kamen, um mit ihren Freunden zu spielen. Familien schufen dort Erinnerungen, die ein Leben lang halten. Sogar die Vögel hoch oben am Himmel schauten auf Kirchberg herab und lächelten.

GESCHICHTE DREI:
DIE VERBORGENEN SCHÄTZE DER TIROLER BERGE

Die Tiroler Berge hüten seit dem Mittelalter ein Geheimnis, und nur wenige sind "eingeweiht". Für die meisten Menschen, die Kirchberg/Kitzbühel und die umliegenden Dörfer besuchen, sind die Wunder dieses Ortes tief unter den Felsen und Bergen verborgen.

Der Winter bedeckt das Land mit Schnee, und es gibt keine Möglichkeit, dieses Geheimnis denjenigen zu enthüllen, die die Pisten hinunterfahren. Der Sommer bietet Flüsse und Bäche für diejenigen, die schwimmen wollen, und Wanderwege und Pfade für diejenigen, die in der Wildnis wandern und radeln wollen.

Doch das Geheimnis, das Tirol verbirgt, ist nur abseits der ausgetretenen Pfade zu finden. Wage dich hoch hinauf in die Berge und entdecke die alten Pfade, die zu verborgenen Reichtümern führen. Tief in den Tiroler Bergen findest du vielleicht einen Topf mit Gold ... oder eine Schaufel Silber.

Denn in diesen Bergen befindet sich das beste Silber der Welt. Wanderer, die davon gehört haben, erzählen von den Schätzen Tirols und machen sich jeden Sommer auf den Weg hoch in die Berge, in der Hoffnung, ihr Leben für immer zu verändern.

Wirst du dich ihnen anschließen?

GESCHICHTE VIER:
DER LETZTE AUSFLUG DES ROTEN DRACHENS

Es war einmal ein großer roter Drache, der in einer Höhle in den Bergen von Kirchberg/Kitzbühel lebte. Die Höhle war tief und dunkel, und der Drache liebte die Höhle, weil ihre Felsen mit Silber gefüllt waren.

"Was für eine schöne, glänzende Höhle!" sagte der Drache. "Ich habe das schönste Zuhause auf der Welt.

"Der Drache schlief tagsüber gerne neben seinem Silber. Wenn es Nacht wurde, flog der Drache durch die Lüfte, und die Menschen, die unten wohnten, sahen ihn kommen. Seine Schuppen funkelten wie Sterne am Nachthimmel, und wenn er sein Maul öffnete, erleuchtete Feuer das Tal.

Die Menschen waren besorgt, dass der Drache eines Nachts ihre Häuser in Brand setzen könnte.

"Tu uns nichts!", riefen die Menschen. "Wir sind deine Nachbarn, nicht deine Feinde."

Aber es nützte nichts. Jeden Tag schlief er mit seinem Silber, und jede Nacht flog der Drache über die Häuser der Menschen und setzte manchmal ihre Dächer in Brand.

Eines Tages kam ein kleines Mädchen namens Sophia zu Besuch ins Dorf. Sophia war sehr mutig und auch sehr klug.

Sophia hatte eine Idee. Sie rief die Leute zusammen und sagte ihnen, was sie tun sollten.

"Legt überall um den großen See herum Feuer!" sagte Sophia. "Lasst sie den ganzen Tag und die ganze Nacht brennen."

In der folgenden Nacht, als der Himmel dunkel war, erwachte der Drache aus seinem Schlaf. Er kroch aus der Höhle und schaute auf die Menschen und Häuser unter ihm hinunter. Plötzlich bemerkte er, dass der See noch heller leuchtete als das Silber in seiner Höhle. "Das ist ja noch schöner als meine Höhle!" sagte der Drache. "Das muss ich mir genauer ansehen."

Er hob ab und schwebte durch die Lüfte. Sein Schwanz berührte die Dächer, und sein Bauch streifte die Wipfel der Bäume.

"Ich muss sehen, was das ist", rief der Drache und lächelte, als er immer näher an die Wasseroberfläche flog. "Was ist unter dem See, das ihn so leuchten lässt?"

Der Drache flog hoch in die Luft. Er warf einen letzten Blick auf seine Höhle. Dann stürzte er im Nu in den großen See und wurde nie wieder gesehen.

In den folgenden Tagen wurde das Wasser des Sees so warm und dunkel, dass das Gras in Kirchberg/Kitzbühel noch grüner wurde. Seitdem wird der See Schwarzsee genannt. Manche sagen sogar, es sei das grünste Gras der Welt und das es nur so in Kirchberg/Kitzbühel wächst....

Und jetzt weißt du auch warum.

GESCHICHTE FÜNF:
DER JUNGE CHRISTIAN UND DAS MAGISCHE PORTAL DES TÜRHÜTERS

Das Dorf Aschau in der Gemeinde Kirchberg ist ein magischer Ort. Ein Ort, an dem es noch Geheimnisse zu lüften und verborgene Schätze zu finden gibt. Ein Ort, an dem Geschichten von einer Generation zur nächsten weitergegeben werden.

Manche sagen, sie hat ihre eigene Zeitzone. Die Tage sind lang und im Sommer voller Sonnenschein. Selbst im Winter spürt man, dass die Zeit fast stillsteht. Aschau fühlt sich an, als existierte es schon ewig. Vielleicht hat es das auch.

Manche Leute sagen, es sei das Ende der Welt. Wenn du Aschau besuchst, wirst du das verstehen. Die Menschen, die in diesem Dorf leben, wissen, dass es anders ist als jeder andere Ort auf der Welt. Sie wissen, dass es ein Geheimnis gibt, das sie bewahren müssen. Ich will dir jetzt darüber erzählen...

Im Mittelalter, bevor die Menschen Autos fuhren und Flugzeuge flogen, kamen die Besucher nur zu Fuß oder auf einem Pferd nach Aschau.

Eines Tages kam ein kleiner Junge namens Christian mit seiner Mutter und seinem Vater in das Dorf. Die Eltern von Christian waren Händler. Sie kauften und verkauften Silber, Kupfer und andere Edelmetalle. Christian kletterte oft in den Bergen herum, während seine Eltern mit den Menschen in Aschau handelten.

"Ich frage mich, wohin mich dieser Weg führen wird?" dachte Christian, als er zu einem sehr schmalen Bergpfad kam. "Es sieht so aus, als wäre schon sehr lange niemand mehr auf diesem Weg gewesen."

Das stimmte. Christian war auf einen geheimen Pfad gestoßen, den nur wenige Menschen kannten. Die Pflanzen und Sträucher waren dicht und überwuchert und verdeckten fast den ganzen Weg.

"Dieser Weg wird sicher oft übersehen!" sagte Christian, als er sich durch das Gestrüpp drängte und den Weg zu einer kleinen Höhle einschlug.

"Wow!" rief Christian. "Eine geheime Höhle!"

Er machte sich auf den Weg zum Eingang der Höhle. Es war dunkel, also nahm er eine Kerze aus seinem Rucksack und zündete sie an. Als er weiter in die Höhle vordrang, bemerkte er etwas. Ein seltsames, blaues Licht erleuchtete die Wände, drehte sich und blitzte auf dem Silber im Felsen.

"Wow!" sagte Christian noch einmal. "So ein magischer Ort! Ich frage mich, was dieses Licht ist ..."

"Es ist ein Portal", antwortete eine Stimme.

Christian sah sich um und benutzte seine Kerze, um den Boden der Höhle zu beleuchten. "Wer bist du?" fragte Christian und bemerkte einen kleinen Bären, der auf dem Boden der Höhle ruhte.

"Albert der unsterbliche Bär ist mein Name", antwortete der kleine braune Bär. "Ich bin der Türhüter. Ich lebe schon sehr lange in dieser Höhle."

"Der Türhüter?" fragte Christian. "Was ist ein Türhüter?"

"Komm und sieh!" antwortete Albert.

Christian folgte Albert durch eine enge Lücke in den Felsen. Es war eine Enge, aber wenn ein Bär es schaffen konnte, konnte es auch ein kleiner Junge. Als sie durch den Spalt in den Felsen kletterten, wurde das Licht immer stärker und stärker.

"Schau! Die Tür!" rief Albert der Bär. "Es ist ein Portal zu anderen Welten."

"Ein Portal in eine andere Welt?"

"Nein", sagte Albert und lächelte. "Ein Portal in andere Welten - so viele Welten, wie du dir vorstellen kannst. Du kannst heute hindurchgehen und gestern zurückkommen!"

"Das ist erstaunlich!" erwiderte Christian. "Wohin wird es mich bringen?"

"Wo immer du willst!" Albert lächelte. "Denk nur an Aschau, wenn du zurückkommen willst, sonst landest du vielleicht ganz woanders."

Christian nickte. "Ich verstehe."

"Die Tür wird um Mitternacht wegen Wartungsarbeiten geschlossen", sagte Albert, als Christian darauf zuging. "Denk daran, vor Mitternacht zurück zu sein, sonst verlierst du einen Tag."

"Verstanden!", sagte Christian. "Bis bald!"

Christian trat durch die Tür und besuchte die atemberaubendste Welt, die man sich nur vorstellen kann. Am nächsten Tag kam er wieder und ging an einen anderen Ort. Tatsächlich kam Christian eine ganze Woche lang jeden Tag zurück, während seine Eltern im Dorf blieben. Jeden Tag brachte er einen neuen Edelstein mit, den er in einer anderen Welt gesammelt hatte, und seine Eltern tauschten ihn mit den Menschen im Dorf.

Wenn du heute hoch in die Berge reist, stößt du vielleicht auf denselben Pfad, den Christian vor all den Jahren gefunden hat. Vielleicht triffst du Albert den Unsterblichen Bären. Vielleicht, nur vielleicht, findest du das Tor zu anderen Welten.

GESCHICHTE SECHS: WIE DIE DORFBEWOHNER LERNTEN, WIE VÖGEL ZU FLIEGEN

Vor langer Zeit, in der Stadt Kitzbühel, ließ ein junger Hirtenjunge namens Peter seine Schafe im Tal zurück. Es war Winter, und seine Herde war hungrig. Er musste frisches Heu von einer der Holzhütten hoch oben in den Bergen holen.

Die Reise begann am Morgen bei Sonnenaufgang und endete am Abend unter dem Sternenhimmel. Es war eine Reise, die die Stadt Kitzbühel für immer verändern sollte....

Peter hatte Geschichten über einen großen Drachen gehört, der hoch oben in den Bergen lebte. Er hatte gehört, wie die Leute über das Feuer sprachen, das aus dem Maul des Drachens kam. Er wusste, dass die Menschen im Dorf große Angst vor dem Drachen hatten. Trotzdem hatte Peter keine Angst.

Peter war mutig. Er hatte mit Wölfen gekämpft. Er hatte mit Bären gekämpft. Er hatte mit Adlern gekämpft. Welche Kreatur auch immer seine Herde angreifen wollte, Peter hatte sie mit seiner Schleuder abgewehrt. Aber Peter hatte noch nie einen Drachen gesehen und schon gar nicht gegen einen gekämpft ... aber das sollte sich bald ändern.

Während er sich unter den Sternen ausruhte, blickte Peter den Berg hinunter. In der Ferne konnte er seine Schafherde sehen. Sie sahen winzig aus. "Ich bin bald wieder da!" rief Peter zu seinen Schafen hinunter. "Ich bringe euch frisches Heu zum Fressen."

Plötzlich hörte Peter ein Geräusch von oben. Hoch oben am Nachthimmel sah er den Drachen. Er war riesig. Der Drache sah Peter und die Schafherde, die unten im Tal versammelt waren. Der Drache stürzte sich auf sie. Feuer strömte aus dem Maul des Drachen und versengte die Wipfel der Bäume.

Die Schafe zerstreuten sich und rannten in Richtung Kitzbühel. Peter rannte den Berg hinunter, so schnell er konnte. Der Drache flog durch den Nachthimmel. Er umkreiste das Tal unter ihm. Einmal. Zweimal. Dreimal kreiste er über dem Tal, während Feuer aus seinem Maul und seinen Nasenlöchern schoss und immer näher an die Schafe herankam.

Der Drache erhob sich hoch in die Luft und umkreiste den Berggipfel. Er öffnete sein Maul, und ein Feuerstrahl erhellte den Nachthimmel.

Schnell kletterte Peter auf die Spitze eines Baumes. Er blickte hinauf zu dem Drachen. Er nahm seine Steinschlauder in die Hand und zielte auf den Drachen. "Nimm das!" rief Peter. "Lass meine Herde in Ruhe, du Tyrann!"

Peter nahm einen Stein und ließ ihn durch die Luft fliegen. Er traf den Drachen auf die Nasenspitze. Der Drache blieb in der Luft stehen und schüttelte den Kopf. Dann stieß er ein großes Brüllen aus und nieste.

BUMM! BUMM! BUMM!

Peter hatte noch nie ein so lautes Niesen gehört. Seine Ohren klingelten von dem Lärm.

BUMM!

Zwei Dinge geschahen. Erstens wurde jeder Baum an der Seite des Berges umgeworfen, einer nach dem anderen, wie Dominosteine. Zweitens löste sich der Schnee auf dem Gipfel des Berges und raste bergab in Richtung der Stadt.

"Lawine!" rief Peter. "Schau, was du angerichtet hast, du dummer Drache!"

Der Drache flog direkt auf Peter zu. Aber Peter wusste genau, was zu tun war. Er wartete und wartete, und als der richtige Zeitpunkt gekommen war, sprang er auf die Schultern des Drachens.

Peter schlang seine Beine um seinen Hals und packte den Drachen an den Ohren. Er drehte ihn in Richtung der Stadt und flog so schnell er konnte vor der Lawine her.

Peter ließ den Drachen am Berghang landen, und der riesige Körper des Drachens hielt die Schneelawine davon ab, in die Stadt Kitzbühel zu stürzen. Der Drache lag die ganze Nacht im Schnee, bis die Lawine zum Stillstand gekommen war. Das Dorf und seine Bewohner - und Peters Schafherde - waren in Sicherheit.

Am nächsten Morgen staunten die Kinder von Kitzbühel nicht schlecht, als sie am Berghang eine neue Skipiste sahen.

"Sie hat eine Schanze am Ende!", riefen die Kinder aufgeregt. "Wir können durch die Luft fliegen wie der Drache!"

Eines nach dem anderen fuhren die Kinder die Piste hinunter und hoben durch die Luft ab. Und so lernten die Kitzbüheler das Fliegen.

GESCHICHTE SIEBEN:
SOPHIA TRIFFT DIE SPRECHENDE GAMS

Oft hörte ich die alten Männer und Frauen in Kirchberg/Kitzbühel Geschichten von Tieren erzählen, die sprechen konnten. Jeden Sommer, wenn ich meine Großeltern besuchte, hörte ich Geschichten von Wölfen, Bären und Bergziegen, die alle irgendwann einmal gesprochen hatten.

Wölfe würden erklären, was es mit ihrem Heulen auf sich hat. "Wir lieben es zu singen!" würden die Wölfe sagen. "Es klingt vielleicht so, als würden wir Krach machen, aber wir machen süße Töne, die nur ein Wolf wirklich schätzen kann!"

Die Bären beschwerten sich, wenn es keinen Honig zu essen gab. "Ich bin hungrig, hungrig, hungrig!" könnte ein Bär verkünden. "Ein Bär braucht Honig, wie ein Boot Wasser braucht! Ohne Honig ist ein Bär einfach kein Bär!"

Bergziegen flüsterten sich gegenseitig zu, vorsichtig zu sein, wenn sie die steilen Felswände hinaufkletterten. "Kleine Zehen! Kleine Zehen!" sagten sie sich gegenseitig. "Nicht nach unten schauen! Schaut nach oben!"

Meine Großmutter sagte, dass jedes Tier sprechen könne, aber die meisten würden sich nicht die Mühe machen. Schließlich haben die Menschen nicht zugehört.

Aber ich hatte noch nie ein Tier selbst sprechen hören. Ich war nicht überzeugt. Hatte sich meine Großmutter etwas ausgedacht oder wusste sie etwas, was die meisten Menschen nicht wussten?

"Kann das wirklich wahr sein?" fragte ich meinen besten Freund Wilhelm, als wir einen schmalen Pfad hoch oben in den Bergen entlanggingen. "Glaubst du, dass Tiere sprechen können?"

"Ganz und gar nicht!", antwortete Wilhelm und lachte laut. "Du musst verrückt sein, Sophia! Nur Menschen sprechen. Hunde bellen! Katzen miauen! Krähen . . . krähen."

Wir wanderten weiter den Berg hinauf. Es war heiß und schwül. Der Sommer war gekommen, und die Bergwege in Tirol waren voll mit Wanderern. Nach einer Weile stießen wir auf große Wiese. Sie war wunderschön und voller Bergblumen und hohem Gras.

"Hey!" rief Wilhelm. "Lass uns Verstecken spielen, Sophia!"

"Okay", antwortete ich. "Du versteckst dich, und ich komme und suche dich."

"Zähle bis hundert", sagte Wilhelm, während er zu den Bäumen am anderen Ende der Wiese rannte. "Und nicht gucken!"

Ich schloss meine Augen und begann zu zählen. "Eins. Zwei. Drei . . ."

Zählen war nicht meine Lieblingsbeschäftigung. Ich habe gerne gelesen. Ich habe gerne gemalt. Ich sang gern. Aber das Zählen von Zahlen schien mir sehr langweilig zu sein. Ich beschloss, mit dem Zählen aufzuhören, wenn ich zwanzig erreichte, und eine Zeit lang zu warten.

Plötzlich hörte ich eine Stimme: "Einundzwanzig. Zweiundzwanzig. Dreiundzwanzig..."

Ich sah mich um, konnte aber niemanden sehen. "Vierundzwanzig. Fünfundzwanzig. Sechsundzwanzig . . ."

"Wer ist es?" rief ich. Aber es kam keine Antwort. "Ich weiß, dass da jemand ist. Ich kann dich zählen hören. Wer ist da?"

"Ich!", rief eine riesige Gams, die ihr Geweih aus dem langen Gras hervorholte. "Ich liebe es zu zählen!"

"Ich hasse es, zu zählen!" erwiderte ich.

"Ich weiß, dass du das tust", antwortete die Gams. "Aber dein Freund versteckt sich, und er will, dass du ihn findest, wenn du hundert Jahre alt bist."

"Woher weißt du das?" fragte ich.

"Weil ich dir zugehört habe, als du meine Wiese betreten hast."

Ich betrachtete die Gams. Sie war sehr hübsch. Sie hatte ein großes Geweih und ein weiches braunes Fell.

"Ist das deine Wiese?" fragte ich.
"Im Sommer verbringe ich hier die meiste Zeit", antwortete sie. "Hier treffe ich gerne meine Freunde und wir spielen auch Spiele."
"Was spielst du?"

"Verstecken!", sagte die Gams lachend. "Ich habe dir gesagt, dass ich gerne zähle."

"Wie wunderbar!" sagte ich und lächelte. "Dürfen Wilhelm und ich zu dir und deinen Freunden zum Spielen kommen?"

"Vielleicht eines Tages!", sagte die Gams. "Der Tag, an dem Wilhelm glaubt, dass Tiere sprechen."

Geschichte acht:
Das lustige Spiel mit Schlangen und Leitern

"Hast du schon einmal das Spiel Schlangen und Leitern gespielt?" fragte Jodie, als sie und ihre beste Freundin Sophia den Bergpfad entlangwanderten.

"Nein, habe ich nicht", antwortete Sophia. "Macht es Spaß?"

"Ja, es macht sehr viel Spaß. Manchmal kann es aber auch frustrierend sein!" sagte Jodie mit einem Lächeln.

Jodie und Sophia waren am frühen Morgen zu einem ganztägigen Abenteuer aufgebrochen. Zunächst fuhren sie mit der Hornbahn bis zur Mittelstation Adlerhütte, wo sie frühstückten. Nach dem Frühstück fuhren sie mit der Seilbahn bis zur Bergstation Alpenhaus auf dem Kitzbüheler Horn.

Sie jausneten mit Blick auf das Tal. Nach der Jause machten sie sich erneut auf den Weg, diesmal auf den "Horn-Gipfel-Höhenweg".

"Schlangen und Leitern ist so ähnlich wie unser Spaziergang!" sagte Jodie und grinste von einem Ohr zum anderen. "Man würfelt, um zu entscheiden, wohin man geht. Dann klettert man eine Leiter hinauf, die einen auf dem Spielbrett nach oben bringt. Zuletzt rutscht man eine Schlange hinunter und fängt wieder von vorne an!"

"Das klingt nach einem Spiel, das ewig dauern kann!" sagte Sophia und lachte. "So wie die Wanderwege in Tirol!"

Tirols Lifte und Seilbahnen sind ganzjährig in Betrieb. Sie befördern Wanderer, Skifahrer und Mountainbiker hoch in die Lüfte. Wer eine Fahrt unternimmt, kann kilometerweit sehen. Mehr als neunzig Lifte sind den ganzen Sommer über in Betrieb und bringen Abenteurer auf die Berggipfel. Von dort aus sind es über tausend Meter über dem Talboden. Mach noch heute einen Ausflug! Das macht noch mehr Spaß als Schlangen und Leitern!

Geschichte neun:
Ein kleines Eck mit Menschen aus aller Welt

Wenn du zum ersten Mal Kirchberg/Kitzbühel besuchst, wirst du vielleicht überrascht sein, was du dort findest. Ich meine nicht die Bergpfade, die so hoch wie die Wolken zu sein scheinen. Ich meine nicht die kritallklaren blauen Seen, die so tief sind, dass man nie den Boden berührt. Ich meine nicht die saftigen Wiesen, die so grün sind, dass sie nicht real erscheinen. Ich spreche von etwas anderem.

Du wirst überrascht sein, wie viele ausländische Kinder hier sind. Wir haben Kinder aus Asien, Afrika, Amerika, Australien und jedem anderen Ort der Welt. Menschen aus der ganzen Welt kommen nach Tirol, um Ski zu fahren, Mountainbike zu fahren, zu wandern und in den sauberen Seen und Flüssen zu schwimmen. Es scheint, als ob die ganze Welt in diesem kleinen Eck Europas versammelt ist.

Es ist nicht verwunderlich, wenn an einem Tag fünf, sechs oder sieben verschiedene Sprachen gesprochen werden. Komm im Winter vorbei, und du wirst in den Skikursen Französisch, Deutsch, Italienisch und Englisch hören. Kleine Kinder lernen, Spaß zu haben, neue Freunde zu finden und mehrere Sprachen zu sprechen, während sie die vielen Pisten hinunterfahren. Ihre Eltern lernen, alle Vorurteile hinter sich zu lassen und Fremde als Freunde anzunehmen.

Wenn du mit der Seilbahn auf den Berg fährst, fragst du dich vielleicht, wo du bist. Wenn du über die Felsen blickst, wirst du Kinder aus aller Welt sehen. Du wirst Worte hören, die du nicht verstehst. Du wirst Gesichter sehen, die dir auf den ersten Blick fremd erscheinen mögen. Du wirst Freude und Lachen erleben, und es wird sich in jeder Sprache gleich anhören.

Kirchberg/Kitzbühel ist ein einladender Ort, an dem sich jeder zu Hause fühlt. Komm und überzeuge dich selbst!

GESCHICHTE ZEHN:
EINE OFFENE EINLADUNG – NUR FÜR DICH

Sommer, Herbst, Winter oder Frühling, egal zu welcher Jahreszeit du Kirchberg /Kitzbühel besuchst, du wirst viel zu erleben haben. Ob du nun ein Wanderer, ein Skifahrer, ein Fotograf, ein Naturliebhaber, ein Mountainbiker oder jemand bist, der der Hektik der modernen Welt entfliehen möchte, Kirchberg /Kitzbühel wird dich mit offenen Armen empfangen.

Schalte dein Telefon aus. Lassen deine Uhr zuhause. Wirf deinen Terminkalender weg. Überlasse deine Pläne den Bergen. Atme die frische Luft ein. Probier die lokale Küche. Erforsche die alten Höhlen, in denen Schürfer hunderte von Jahren nach Silber suchten. Gehe zu einem der vielen Seen angeln. Fahre mit der Seilbahn auf die Berggipfel. Vergiss die moderne Welt und alles andere. Sei einfach "du".

Kirchberg/Kitzbühel macht immer Lust auf mehr. Mehr von den weitläufigen Bergen. Mehr von den saftigen, grünen Wiesen. Mehr von der sauberen, frischen Luft. Mehr von seinen liebenswerten Menschen.

Komm im Sommer! Die Bergseen sind warm genug, um darin zu schwimmen. Die Temperaturen klettern im Sommer auf bis zu 27 °C. Tauche deine Zehen in das kühle Nass oder stürze dich kopfüber in die Tiefe.

Komm im Herbst! Mach einen Ausflug über den Hahnenkamm und den Fleckweg. Bewunder Sie die hölzernen Almen, die in diesem üppigen Alpental auf 1.650 m Höhe verstreut sind.

Komm im Winter! Tirols Bergwelt bietet einen Winterspielplatz für Jung und Alt. Schnapp dir einen Rodel und rase eine der vielen Pisten hinunter. Es gibt Wanderwege und Rodelhügel. Das ist ein sicherer Spaß für die ganze Familie!

Oder komm im Frühling, wenn das Leben neu beginnt – die Schönheit ist atemberaubend.

Wann immer du zu uns kommst, wirst du eine Wunderwelt vorfinden. Und nein, du wirst kein einziges Mal fernsehen.

Mach dir keine Sorgen, wenn du abreisen musst. Wir werden immer noch hier sein und auf deine Rückkehr warten. Und du wirst ganz sicher zurückkehren.

Eltern, Onkel, Tanten, Omas und Opas, wenn euch dieses Buch gefallen hat - das meinen jüngsten Lesern und Zuhörern gewidmet ist - und ihr gerne über andere Themen lesen möchtet, die mein Leben verändert haben, schaut euch bitte meine neuen Bücher auf Amazon oder meiner Website an:

www.my-mindguide.com.

Lasst uns auch über die sozialen Medien in Verbindung bleiben. Bitte schreib mir auf Facebook oder Instagram, und halte mich auf dem Laufenden! Du kannst mir deine Gedanken auch gerne direkt mitteilen: gassner@my-mindguide.com. Im Gegenzug schicke ich dir eine wunderschöne Infografik, die du ausschneiden und einrahmen kannst.

Bitte hinterlass auch eine Rezension auf Amazon, da dies mir helfen wird, ein noch breiteres Publikum zu erreichen. Vielen Dank für deine Zeit und deinen unermüdlichen Wissenshunger!

Ich möchte mich bei all meinen Kollegen, Kunden, Freunden und Familienmitgliedern bedanken, die alle dazu beigetragen haben, was ich heute bin.

Ich möchte mich auch bei Gabriel Palacios bedanken, dem König der Hypnotherapie und Schweizer Bestsellerautor, der diesem alten Fuchs neue Tricks beibrachte und mich tief in das Geheimnis der Hypnotherapie eintauchen liess. Ich habe auf dieser Reise so viel gelernt, dass ich jetzt selbst ein zertifizierter Master-Hypnose-Coach und Gesprächscoach bin!

Außerdem möchte ich mich bei den fantastischen Lehrern von SAMYANA/Bali bedanken, die mich zu einem zertifizierten Yoga- und Meditationslehrer ausgebildet haben.

Last but not least gilt mein besonderer Dank meinem Meisterlehrer Eckhard Wunderle, der für mich fast ein Heiliger ist. Er hat mich in die Welt der Meditation eingeführt und mich all die Wunder, die sie zu bieten hat, entdecken lassen. Ich könnte nicht stolzer sein, dass ich meine Zertifizierung als Meditationslehrer direkt von ihm am Institut für Spirituelle Psychologie erhalten habe.

Frieden, Liebe und Glück für euch alle - bis zum nächsten Mal!

Kurt Friedrich Gassner hat im Laufe seines Lebens viele Funktionen ausgeübt, u.a. als Unternehmer, Kreativdirektor, Meditationslehrer, Hypnosetherapeut und seit Kurzem auch als Autor von Büchern zur Selbstverbesserung und Kinderbüchern. Mit seinem seinem fundierten Wissen über Psychologie gibt er seinen Lesern die Werkzeuge an die Hand, die sie brauchen, um ihr unendliches Potenzial zu entfalten.

Als profilierter Selbsthilfeautor hat Kurt die folgenden Bücher verfasst: The Art of Forgiveness, Lie or Die, Seelenverwandt, und Can You Inherit a Poisoned Mind? and The Power of Poverty. Er ist auch Autor eines Kinderbuch-Bestsellers im deutschsprachigen Raum und hat über 20 Bücher in Arbeit.

Wenn es um dauerhaften Erfolg geht, versteht Kurt, dass finanzieller Wohlstand nicht der einzige Aspekt ist, nach dem man streben sollte. Er mag ein Selfmade-Millionär sein, aber was sein Leben wirklich verändert hat, ist die Beherrschung seines Unterbewusstseins. Beharrlichkeit, persönliche Stärke, Selbsterkenntnis und das Lernen aus vergangenen Fehlern waren die wichtigsten Zutaten, um seine Träume zu verwirklichen - und er ist bestrebt, diese Weisheit durch sein Schreiben an andere weiterzugeben.

In seiner Freizeit reist Kurt Friedrich Gassner entweder durch die Welt, spielt Golf, radelt in den Alpen, wandert oder verbringt Zeit mit seinen Lieben.

Seit siebenunddreißig Jahren ist er glücklich verheiratet und Vater von zwei erfolgreichen Kindern. Derzeit wohnt er in München, Deutschland, und Kirchberg, Österreich.

Printed in Poland
by Amazon Fulfillment
Poland Sp. z o.o., Wrocław
14 July 2022

c5cce925-9db2-4cd5-8a58-22c9fa377578R02